VENTE

HOTEL DROUOT, SALLE N₀ 11

Les Lundi 19 et Mardi 20 Janvier 1903

A 2 HEURES 1/4

OBJETS D'ART

ET D'AMEUBLEMENT

Anciens et de Style

BEAUX BIJOUX DIAMANTS

PERLES ET PIERRES DE COULEUR

TABLEAUX ET DESSINS

Anciens et Modernes

TENTURES BRODÉES

Mᵉ HENRY BRICOUT	**M. ARTHUR BLOCHE**
COMMISSAIRE-PRISEUR	EXPERT PRÈS LA COUR D'APPEL
10, Rue Sainte-Cécile	*28, Rue de Châteaudun, 28*

EXPOSITION PUBLIQUE

Le Dimanche 18 Janvier 1903

DE 2 A 5 HEURES 1/2

PARIS. — Imp. MÉNARD et CHAUFOUR

C. CHAUFOUR, Successeur

8-10, rue Milton

CATALOGUE

DES

OBJETS D'ART

ET

D'AMEUBLEMENT

ANCIENS ET DE STYLE

BEAUX BIJOUX — DIAMANTS

PERLES ET PIERRES DE COULEUR

TABLEAUX ET DESSINS

Anciens et Modernes

TENTURES BRODÉES — TAPIS

dont la vente aura lieu

HOTEL DROUOT, SALLE N° 11

Les Lundi 19 et Mardi 20 Janvier 1903

A 2 HEURES 1/4

Mᵉ Henry **BRICOUT**	M. Arthur **BLOCHE**
COMMISSAIRE-PRISEUR	EXPERT PRÈS LA COUR D'APPEL
10, Rue Sainte-Cécile, 10	*28, Rue de Chateaudun*

EXPOSITION PUBLIQUE

Le Dimanche 18 Janvier 1903, de 2 heures à 5 h. 1/2

CONDITIONS DE LA VENTE

La vente sera faite expressément au comptant.

Les acquéreurs paieront 10 o/o en sus des adjudications.

L'exposition mettant le public à même de se rendre compte de l'état des objets, il ne sera admis aucune réclamation une fois l'adjudication prononcée

Paris. — Impr. C. Chaufour, 8-10, rue Milton.

DÉSIGNATION

BIJOUX

OBJETS DE VITRINE

1 — Collier en or et platine enrichi de beaux brillants pouvant former broche et bracelet.

2 — Broche enrichie d'une grosse perle fine forme poire et de brillants.

3 — Paire de boutons d'oreilles ornées chacun d'une perle fine surmontée d'un brillant.

4 — Bague en or, émeraude entre deux brillants.

5 — Bague croisée formée d'une perle, d'un brillant et de dix petits brillants.

6 — Bague diadème ornée d'une grosse perle blanche et de trois brillants.

7 — Bague enrichie d'une grosse émeraude et de dix brillants.

8 — Pendentif art nouveau en perles fines et diamants avec chaînes en or et perles fines.

9 — Broche forme pensée en onyx avec brillants au centre.

10 — Bracelet chaîne en or, brillants deux perles noires et une perle blanche.

11 — Croissant orné de brillants de fantaisie et de deux rubis.

12 — Bague en or perle fine entre deux trèfles en brillants.

13 — Bague en or ornée de cinq rubis et de petits diamants.

14 — Paire de boutons d'oreilles pavés de brillants.

15 — Bracelet chaîne en or orné de dix-neuf perles fines.

16 — Bague jumelle ornée de quatre brillants, d'un brillant de fantaisie et d'une perle fine.

17 — Yatagan damasquiné d'or.

18 — Deux plaques anciennes en argent.

19 — Miniature portrait de femme Louis XVI.

20 — Cœur argent doré forme trèfle à quatre feuilles ornées brillants saphirs et rubis.

21 — Paire boutons d'oreilles anciennes avec perles fines.

22 — Deux épingles jumelles en or et perles fines.

23 — Epingle à chapeau, diamants, perle fine et saphirs.

24 — Etui à rouge en or.

25 — Jumelle de théâtre.

26 — Bague jumelle ornée de deux perles et de quatre diamants.

27 — Epingle de cravate trèfle, perles fines et diamants.

28 — Bague en or et roses anciennes.

29 — Eventail en dentelle, monture en écaille avec motif en diamants.

30 — Paire de boucles d'oreilles en or en forme de balanciers et incrustées d'améthystes.

31 — Paire de boucles d'oreilles en or : colombes dans des cerceaux ornés de turquoises.

32 à 34 — Trois paires de boucles d'oreilles en or émaillé à fleurs et ornements.

35 — Epingle de cravate en or ornée d'une pièce ancienne.

36 — Chaine en argent avec coulant et cachets anciens, formant breloques.

37 — Broche argent ornée de turquoises et de grenats.

38 — Boîte en argent ciselé et doré de style Louis XV, boitier offrant un décor repoussé : les *Présents de Vénus*.

39 — Drageoir en argent, boitier orné d'une cornaline.

40 — Montre Louis XV en argent repoussé et ajouré.

41-42 — Deux montres en argent uni et guilloché.

43 — Montre en or Louis XVI en argent ciselé et guilloché.

44 — Montre en or uni, Louis XVI.

45 — Petite montre plate en or Louis XVI entourée d'émaux à perlés.

46 — Montre plate en or, boitier orné d'un entourage en émail.

47 — Montre en or, boitier émaillé bleu et enrichi de roses.

48 — Montre en or Louis XVI à double boitier orné d'émaux.

49 — Montre en or Louis XVI à double boitier entouré de demi perles.

50 — Collier provençal à petites chaînettes et plaquettes en or ciselé et ajouré.

51 — Croix et chaînette en or enrichie de corna-
lines herborisées.

52 — Croix normande en or ajouré enrichie de
roses.

53 — Croix allemande en or émaillé bleu.

54 — Croix italienne en or émaillé bleu et blanc.

55-56 — Deux broches et un petit pendentif en
or émaillé et enrichi de deux perles.

57 — Broche ornée d'une miniature : portrait de
femme en costume du xviie siècle.

58 — Paire de boucles d'oreilles, en pierre de
lave, décorées de bustes de femme, monture
or.

59 — Vierge russe en argent filigrané, parties
dorées.

60 — Deux miniatures : canard sauvage, chien
et gibier mort.

61 — Service à découper et manche à gigot,
manches en os sculpté.

62 — Couteau à quatre lames et cachet en argent, manche en bois noir.

63 — Boite à pistolets avec accessoires, crosses en ivoire.

64 — Petite montre en argent.

65 — Collection de pierres imitation.

66 — Couteau de chasse avec fourreau en cuir garni d'argent. XVIIIe siècle.

67 — Miniature ovale, sur ivoire : *La reine Marie Antoinette*, d'après Vigée LEBRUN.

68 — Miniature ovale sur ivoire : *Mme Vigée Lebrun et sa fille.*

69 — Miniature ovale, sur ivoire : *Marquise de Coulanges.*

70 — Miniature ovale, sur ivoire : *La petite sœur*, d'après GREUZE.

71 — Boite en ivoire, ornée d'une miniature.

72 — Miniature portrait de femme signé GRISART. Cadre Empire.

73 — Miniature portrait de femme. Signée
V. LEBRUN.

OBJETS D'ART

74 — Beau buste représentant *la Dubarry* en
marbre blanc avec draperie en marbre polychrome de Sicile.

75 — Buste en marbre représentant *Madame Ré-
camier*, d'après CANOVA.

76 — Paire de chenêts lions en bronze patine
foncée sur balustrades en bronze doré. Style
Louis XVI.

77 — Petit buste en marbre patiné : *Sapho*.

78 — Buste en terre cuite représentant *Madame Elisabeth* d'après LEMOINE.

79-80 - Deux statuettes en bronze patine dorée :
Figaro et *Pierrot*.

81 — Paire de petits candélabres en bronze ciselé et doré style Louis XVI.

82 — Flambeau bouillote en bronze ciselé et doré avec abat-jour en moire verte. Style Louis XVI.

83 — Paire de petits candelabres en bronze ornés de deux lumières portant deux lumières. Style Louis XVI.

84 — Petit groupe de trois personnages en antimoine socle en bronze. Travail Japonais.

85 — Coupe formée d'une carapace de tortue.

86 — Jardinière en Satzuma monture en bronze doré.

87 — Deux vases en porcelaine de Chine décor à personnages.

88-89 — Garniture de cheminée en bronze ciselé et doré composé d'une pendule et de deux candélabres. Style Louis XV.

90 — Paire d'appliques en bronze ciselé et doré, modèle à rocailles. Style Louis XV.

91 — Bas-relief en marbre : *Sapho*. Signé Lᴇ-ʙʀᴜɴ.

92 — Groupe en biscuit.

93 — Paire de bras d'applique en bronze. Louis XVI.

94 — Paire de chenêts en bronze. Louis XIV.

95 — Groupe en bronze d'après CLODION.

96 — Pendule en bronze. Ier Empire.

97 — Pendule en bronze.

98 — Deux appliques en bronze. Style Louis XVI.

99-100 — Quatre vases en porcelaine genre de Sèvres.

101 — Boîte à jetons contenant quatre comparti-ments en vernis Martin. Epoque Louis XV.

102 — Croix processionnelle byzantine en cuivre gravé et émaillé.

103 — Deux vases forme boules en émail cloisonné du Japon.

104 — Deux bonbonnières forme lobée en émail fond bleu turquoise à fleurs.

105 — Deux vases à long col en céramique, décor flambé.

106 — Deux poignards en os sculpté, décor à personnages.

107 — Paire de vases en bronze du Japon, décor en relief à volatiles.

108 — Jardinière en céramique, décor flambé à volatiles.

109 — Deux bouteilles en émail cloisonné du Japon, décor polychrome.

110 — Brûle-parfums sur socle en porcelaine de Chine, décor flambé.

111 — Vasque sur plateau en porcelaine, décor en émaux de couleur, famille verte.

112 — Potiche en faïence émaillée du Japon, décor enfant jouant.

113 — Statuette, personnage assis, en terre cuite chinoise.

114 — Groupe en ivoire : *le Montreur de singes.*

115 — Groupe en ivoire : *Marchand de fruits et enfants.*

116 — Statuette en ivoire : *Marchand de fruits.*

117 — Groupe en ivoire : *Joueur de gong et enfants.*

118 — Statuette en ivoire : *le Pêcheur.*

119 — Quatre figurines en ivoire.

120 — Grand groupe ancien en pierre de lare sculptée de Chine : personnages sur un rocher.

121 — Bas-relief en pierre de lare sculptée, fleurs et feuillages.

122 — Vase persan en cuivre gravé, anses à serpents.

123 — Encrier en bronze forme coquille.

124 — Paire de flambeaux flamands en cuivre ancien.

125 — Paire de flambeaux en bronze Louis XIII.

126 — Plat en faïence de Rouen décor polychrome.

127 — Christ en cuivre ancien.

128 — Petit christ en cuivre ancien.

129 — Six tasses et soucoupes en ancienne faïence
allemande, décor à fleurs.

130 — Grand bougeoir flamand en cuivre ancien.

131 — Porte chope en cuivre ajouré.

132 — Deux pinces en bronze doré, motifs amours.

133 — Christ étain ancien et médaillon en plomb.

134 — Statuette en bois sculpté, xvii⁰ siècle :
Vierge tenant l'Enfant Jésus.

135 — Deux statuettes : *Toréador et Carmen.*

136 — Deux groupes en biscuit : *Pastorales.*

137 — Petite statuette de Japonaise.

TABLEAUX

ANDRIONI

138 — *Au bord de la mer.*

BELLANGÉ (E.)

139 — *L'Enfant et le Grenadier.*

Signé à gauche.

BIDA

140 — *Scène de l'Antiquité.*

> Dessin au crayon noir sur papier bleuté.
> Signé à droite.

BOUCHER (Attribué à F.)

141 — *Le Printemps.*

> Dessin rehaussé de couleur.
> Signé à gauche.

CICÉRI

142 — *Paysage.*

> Aquarelle.

COURTOIS (dit le BOURGUIGNON)

143-144 — *Paysages.*

> Deux petits tableaux.

DAKIN

145 — *Le Chasseur.*

> Aquarelle.
> Signé à gauche.

DAVID (L.)

146 — *Psyché et l'Amour.*

> Sépia.
> Signée à droite.

DAVID

147 — *Femme et enfant.*

DEGAS

148 — *Danseuse.*

Pastel.
Signé à gauche.

DELACROIX

149 — *Tigre couché.*

Dessin à la plume.

DIAZ (?)

150 — *Vue d'une place en Italie, animée de nombreux personnages.*

Signé à droite.

DONNADIEU

151 — *Le Domino.*

152-153 — *Capricieuse. Fantaisie.*

DUPRÉ (Attribué à J.)

154 — *Paysage.*

Dessin au crayon signé J. D.

FLAMENG (D'après François).

155 — *Sous le Directoire.*

Lithographie en couleur.

FORAIN

156 — *Les Poids creux.*

Dessin à la plume.

FRAGONARD (D'après)

157 — *La Gimblette.*

Gravure en couleur.

GREUZE (Attribué à)

158 — *Premier chagrin.*

Joli pastel ovale.

GUILLAUMET (G.)

159 — *Laveuses indiennes.*

Signé à gauche.

160 — *Jeune femme ramassant des épis de blé.*

Signé à droite.

HAUSER

161 — *Sous Bois.*

Signé.

HUET (J. B.)

162 — *Tête de bouc.*

Dessin à la sanguine.

LAMI (Eug.)

163 — *Projet de décoration.*

Aquarelle.

PINEL

164 — *Souvenir d'Afrique.*

TENIERS (D'après D.)

165 — *Scènes de Kermess.*

Deux gravures anciennes par H. LEBAS.

VANDAEL

166 — *Vase de fleurs.*

Aquarelle d'après le tableau de VAN HUYSUM.

VERCHAIN

167 — *Paysage d'automne.*

16 — *Paysage de Normandie.*

WATTEAU (J.-Ant.)

168 — *Portrait de femme coiffée d'un bonnet.*

Dessin au crayon noir rehaussé de sanguine.

ECOLE DU XVIᵉ SIÈCLE

169 — *Portrait de Godran, président des Jésuites (1581).*

Peinture sur panneau.

ECOLE FRANÇAISE

170 — *Portrait de femme en costume de gaze rose et velours bleu.*

Pastel.

171 — *Portrait d'enfant en pierrot*

172-173 — *Deux portraits d'hommes du Ier Empire.*

Cadres bois sculpté.

ECOLE FRANÇAISE

174 -- *Portrait de femme vue de profil.*

Dessin au crayon noir rehaussé de sanguine.

175 -- *Homme vu de dos tenant un levrier.*

Dessin au crayon sur papier bleuté.

ECOLE HOLLANDAISE

176-177 — *Portraits d'hommes et de femmes.*

Cadres ovales.

178 — *Portrait de femme en costume national.*

ECOLE MODERNE

179 — *L'Ecuyère.*

180-181 — *Espagnoles.*

182 — *Portrait d'enfant.*

Quatre aquarelles.

MEUBLES

183 — Belle console haute en bois sculpté et
doré, enfant au milieu de rocailles et portant une corne d'abondance. XVIIIe siècle.

184 — Jardinière en trois parties en noyer sculpté
à fond d'or. Style gothique.

185-186 — Deux consoles surmontées de glaces,
trumeaux en bois sculpté et doré. Style
Louis XVI.

187 — Ameublement de salon en bois sculpté et
doré, couvert en brocart de soie fond crême,
à fleurs, composé d'un canapé, deux fauteuils
et deux chaises. Style Louis XV.

188 — Bureau ouvrant à dos d'âne en bois de vio-
lette garni de bronzes. Style Louis XVI.

189 — Commode en bois de palissandre, ouvrant
à deux tiroirs, garnie de bronzes, dessus en
marbre. Epoque Louis XV.

190 — Paravent en bois sculpté et doré ouvrant à trois feuilles, le haut à médaillons ornés de gravures sur fond de glace, le bas en soierie brochée. Style Louis XVI.

191-192 — Deux guéridons en bois sculpté et doré, dessus en marbre. Style Louis XVI.

193 — Table à thé en bois de rose et palissandre garni de cuivres. Style Louis XVI.

194 — Petite table en marqueterie de bois garnie de cuivres, avec tablettes d'entre-jambe. Style Louis XV.

195 — Bibliothèque tournante formant casier à musique en noyer.

196 — Bergère en bois sculpté laqué gris, accotoirs à têtes de béliers, couverte en soierie brochée et rayée à fleurs. Style Louis XVI.

197-198 — Deux canapés à contours, recouverts de panne rouge et de panne verte, ornés de broderies et applications avec rampes de satin.

199 — Petit bureau formant écran ouvrant à dos d'âne en acajou et filets de cuivre. Epoque Louis-XVI.

200 — Ecran en bois sculpté et doré Louis XIV
feuille en tapisserie au point et au petit point
de Saint-Cyr décor à petits personnages.

201 — Horloge ancienne en bois sculpté,

202-203 — Deux petites tables en bois noir sculpté dessus en marqueterie de fleurs, pieds
forme X.

204 — Grande toilette Louis XV en bois sculpté
rechampis de gris, dessus en marbre brèche
violacé, surmonté d'une glace, cadre sculpté
à contours, de la maison Tesnier.

205 — Toilette en marbre blanc monture et accessoires nikelés, cuvette reversible en porcelaine décorée de filets or, de la maison
Porcher.

206 — Vitrine sur console, en bois sculpté rehaussé de blanc. Style Louis XVI.

207 — Tabouret noyer sculpté rehaussé d'or style
Louis XV couvert en soierie ancienne brochée
à fleurs.

208 — Petit bureau dos d'âne Louis XVI s'ouvrant à un abattant en acajou, orné de cuivres.

TENTURES

209 — Très beau couvre-lit en satin rouge cerise de Chine brodé d'or et de soie, garni de franges assorties.

210 — Deux portières en soierie bleue de Chine brodées d'or à grands volatiles.

211 — Tapis chemin ancien d'Orient, décor polychrome à reflets veloutés.

212 à 214 — Trois petits tapis en velours de Scutari.

215 — Grand panneau en tapisserie offrant au centre un écusson armoirié.

216 — Objets omis.

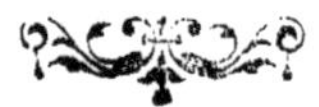